50 Ideen

ACHTSAMES REISEN

Ein Kurztrip mit dem Billigflieger? Eine Fernreise mit dem Flugzeug? Hat beides seinen Reiz!

In diesem Kartenset geht es aber um achtsames Reisen: Entdecke das Reisen als Prozess wieder und lass dich mit diesen 50 Karten inspirieren. Beim achtsamen Reisen werden all deine Sinne angesprochen, die Landschaft verändert sich langsam, du genießt den heiß ersehnten Espresso an der ersten Tankstelle in Italien, dein Körper hat Zeit, sich den neuen Gegebenheiten anzupassen und dein Geist kann entschleunigen und sich vom Alltag lösen.

No
1

Skizzen statt Fotos

№ 1

Ein Foto ist meist schnell gemacht. Aber wenn du genauer hinsehen möchtest, dann ist das Zeichnen oder Malen des Motivs eine gute Möglichkeit, deine Eindrücke festzuhalten. Dabei kommt es nicht so sehr auf das perfekte Ergebnis an, sondern darauf, dass du dein ganz persönliches Bild des Ortes wiedergibst.

No 2

Gehen statt fahren

№ 2

Lass das Auto stehen oder steige eine Haltestelle vor deinem eigentlichen Ziel aus und gehe zu Fuß! Erkunde deine Umgebung im Schritttempo. Flaniere durch die Stadt oder die Landschaft, die du besuchst, und erlebe die besondere Sicht.
Entdecke die Langsamkeit.

No
3

Schweigen

№ 3

Gönn dir eine
Kommunikationspause und nimm
dir die nötige Zeit und Ruhe,
deine Umgebung noch intensiver
wahrzunehmen.
Laufe schweigend durch
die Landschaft und die Stadt,
höre, sehe und spüre, wo du
gerade bist.
Und – schweigen kannst du auch
zu zweit!

Fundstücke sammeln und
eine Collage gestalten

№ 4

Gehe aufmerksam durch dein Urlaubsdomizil, sammle Blätter, Blüten, Beeren oder Steine, aber auch Eintrittskarten, Zeitungsausschnitte, Notizen, Eisschirmchen … und gestalte eine Collage, die etwas von deiner Reise oder deinen Gefühlen und Eindrücken dabei erzählt. Hänge deine Collage gerne auf und hole dir beim Anschauen immer wieder die Urlaubsgefühle zurück.

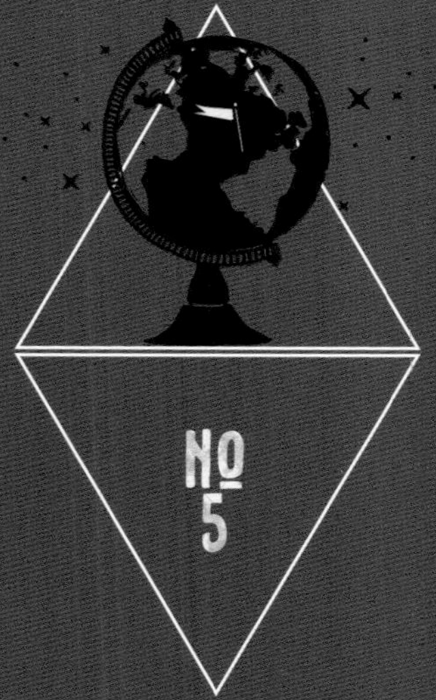

Im Café sitzen und die
Umgebung betrachten

№ 5

In Wien nennt man das Café auch »das zweite Wohnzimmer«. Suche dir dein gemütliches Urlaubs-Wohnzimmer! Lies Zeitung, frühstücke ausgiebig, schaue dich um und achte auf Details. Entdecke die Gewohnheiten der Einheimischen und die heimischen Spezialitäten, belausche Gespräche, auch wenn du die Sprache nicht verstehst. Oder vielleicht steht dir der Sinn nach einem Aperitif?

No 6

Auf den Wochenmarkt gehen

№ 6

Wenn du die Atmosphäre eines Ortes oder einer Stadt kennenlernen willst, dann gehst du am besten auf den Wochenmarkt. Hier entdeckst du regionale Spezialitäten, lernst Händler und Kunden kennen, probierst hier und da und erlebst deinen Urlaubsort mit allen Sinnen.

№ 7

Waldbaden

№ 7

Der Wald ist ein Ort der Inspiration
und der Erholung. Lass ihn auf dich
wirken, erlebe seinen Duft, seine
Geräusche, sein Aroma, egal, ob
es ein Wald in einer fremden oder
vertrauten Region ist.
Wie unterscheiden sich die
verschiedenen Badeerlebnisse?
Im Wald musst du nicht denken, du
hast es auch nicht eilig, dieser Ort
ist der Ruhe, der Achtsamkeit und
der Entspannung gewidmet.
Bist du eigentlich schon mal barfuß
über Moos gelaufen?

No
8

Mit den Ohren »sehen«

№ 8

Wie klingt dein Urlaubsort?
Welche Geräusche machen
ihn aus?
Setze dich auf eine Bank oder in ein Café und nimm ihn mit den Ohren wahr. Je länger du sitzt, desto mehr hörst du und desto spannender wird es! Du kannst die Geräusche auch aufnehmen und hast damit ein akustisches Souvenir.

No 9

Mit der Nase »sehen«

№ 9

Am Meer riecht es anders als in der Heide, in einer exotischen Stadt anders als in einem Dorf in den Alpen.
Erforsche deinen Urlaubsort mit der Nase!
Je länger du dich darauf einlässt, desto spannender wird es – deine Nase wird immer feiner und dein Bild bunter.

No 10

Lokale Flora und Fauna entdecken

№ 10

Neue Pflanzen und Tiere entdecken geht auch zu Hause oder in der näheren Umgebung. Du kannst Blätter und Blüten sammeln und pressen, sie scannen, mit Farbe bestreichen und drucken …
Aber Achtung, nicht alle Blumen darf man pflücken! Mach dich mit den regionalen Regeln vertraut. Nimm den Geruch wahr, streiche über die Blätter, mache Makrofotos von Insekten und anderen kleinen Tieren, schaue aufmerksam hin.

No 11

Blumen pressen und einrahmen

Nº 11

Wenn du mit offenen Augen in der Natur unterwegs bist, kannst du auf wunderbare Blumen und Blüten stoßen und dir damit ein Stück Urlaub bewahren.
Achte darauf, dass deine Blüten trocken sind und lege sie mindestens 24 Stunden zwischen die Seiten eines dicken Buches, dann beschwere das Buch und trockne sie einige Tage weiter. Danach kannst du sie lackieren, auf ein Blatt Papier kleben und in einem Bilderrahmen ausstellen.

No 12

Steine sammeln

№ 12

Auf Steine kann man überall stoßen: am Meer, im Wald, auf der Wiese, in den Bergen. Auf Schritt und Tritt begegnen dir Mineralien, schöne Formen, besondere Maserungen.
Steine sind ein besonderes Souvenir, das dir viel über deinen Urlaubsort erzählt. Zu Hause kannst du sie ausstellen, in den Garten oder auf die Fensterbank legen oder sogar bunt anmalen. Dir fällt sicher etwas ein!

Schaukeln

№ 13

Sanftes Schaukeln macht
gute Laune, das ist sogar
wissenschaftlich belegt. Dieses
Wohlgefühl ist schon im Mutterleib
angelegt.
Deshalb schaukle, sooft es geht!
Tipp: Auch in Hollywoodschaukeln,
auf Wippen oder in Hängematten
lässt es sich wunderbar
schwingen.

NO 14

Literarisch reisen

Nº 14

Gibt es Romane über deinen Urlaubsort? Geschichten und Gedichte?
Mit ihnen kannst du dich wunderbar auf deine Ferien einstimmen oder sie sogar als Reiseführer nutzen.
Gibt es die in den Texten beschriebenen Orte noch? Wie sehen sie heute aus? Inspirieren sie dich zum eigenen Schreiben?

No 15

Mit einem Heißluftballon reisen

№ 15

Wandern, Radfahren, Rudern, Segeln – all das eignet sich gut zum achtsamen Reisen. Für ganz Abenteuerlustige kann auch die Fahrt mit einem Heißluftballon einmalig sein. Du siehst die Welt aus einem anderen Blickwinkel, reist langsam und machst unerwartete Entdeckungen. Erlebe, wie schön es sein kann, sich einfach treiben zu lassen und nicht zu wissen, wo du genau ankommst.

No 16

Zeitzeichen fotografieren

№ 16

Mache mal Fotos fernab der üblichen Attraktionen: alte Häuser, abblätternde Farbe, rostige Gartenzäune, Risse und Flecken, wuchernde Brombeerhecken, Industriebrachen – auch das hat seinen Reiz.
Auf diese Weise kannst du mehr über die Vergangenheit deines Urlaubsortes erfahren und eine ganz andere Form von Schönheit entdecken.

No
17

Dein Ferien-Ich zeichnen

№ 17

Nimm dir Zeit, deine Ferienbedürfnisse wahrzunehmen. Wie sieht dein Ferien-Ich aus? Was braucht es? Was wünscht es sich? Zeichne dein Porträt (nein, es muss nicht perfekt sein!) und gestalte es mit deinen Erkenntnissen, vielleicht als Mindmap oder als Collage. Deiner Fantasie sind keine Grenzen gesetzt!

Neue Wörter entdecken

№ 18

Kaufe dir eine lokale Zeitung, auch wenn du die Landessprache nicht beherrschst. Vielleicht verstehst du ja doch etwas? Sprechen die Einheimischen einen Dialekt? Gibt es im Alltag Floskeln, die sich wiederholen und die du dir daher gut merken kannst?
Tauche in die sprachliche Welt deiner Umgebung ein.

No 19

Auf Sehenswürdigkeiten verzichten

№ 19

Paris ohne den Eiffelturm?
Hamburg ohne die
Elbphilharmonie?
Hake nicht einfach die
Sehenswürdigkeiten ab, die du
meist ohnehin aus den Medien
kennst, sondern gehe neue Wege.
Sieh dir unscheinbare Statuen an,
Plaketten an den Häusern, Parks,
Innenhöfe … Jeder Ort hat so viel
Unverhofftes zu bieten!

NO 20

Etwas essen, das du
frisch gepflückt hast

№ 20

In vielen Regionen werden Kräuterwanderungen angeboten, auf denen man viel über die lokalen Heilkräuter lernen kann. Meist wird auch etwas verköstigt. Wenn du auf eigene Faust Beeren oder Pilze sammelst, achte darauf, dass du deine Ernte erst säuberst und vor allem bei Pilzen jemanden fragst, der sich richtig gut auskennt.

Eine Sandburg bauen

№ 21

Am Wasser sitzen, Sand und Wasser mischen und vor dich hin panschen, das ist auch als Erwachsener herrlich! Selbstvergessen kann man eine Sandburg, eine Sandhütte, kleine Kanäle oder Tiere formen. Und wenn die nächste Welle kommt, ist dein Kunstwerk Vergangenheit.

Gegen den Wind laufen

№ 22

Den Wind auf der Haut zu spüren ist ein herrliches Gefühl! Mal ist es ein Hauch, mal eine steife Brise. Lass deine Haare, deine Jacke oder ein Tuch im Wind wehen und genieße das Gefühl von Freiheit und Abenteuer!

Im Regen tanzen

№ 23

Kennst du das Gefühl, bei großer Hitze auf den erfrischenden Sommerregen zu warten? Wie fühlt sich das auf der Haut an? Macht das nicht Lust, draufloszutanzen? Trau dich, vielleicht tanzt ja jemand mit?

Am Strand liegen, bis
die Sonne untergeht

Nº 24

Ein Sonnenuntergang am Meer ist etwas ganz Besonderes. Die intensiven Farben des Himmels, die sich auf der Wasseroberfläche spiegeln, die Ruhe und der Frieden, die sich am Strand ausbreiten.
Vielleicht überträgt sich diese Ruhe auch auf dich?

Im Gewimmel sitzen und
deine Beobachtungen
aufschreiben

№ 25

Setz dich auf eine Bank oder in ein Café und notiere alles, was du siehst. Achte nicht darauf, ob deine Sätze besonders schön oder zu lang oder zu kurz sind, halte einfach deine Impressionen fest. Wenn du lieber zeichnest, dann verewige deine Eindrücke in einem Bild oder einer kleinen Skizze.

Postkarten selbst gestalten und verschicken

NO 26

Zeichne, klebe, schneide, mache Fotos und versende das Resultat als Postkarte! Wir alle freuen uns über persönliche Post. Bei der Gestaltung kannst du dich an deinem Urlaubsort umsehen, Blätter, Eintrittskarten oder andere Fundstücke aufkleben, den Blick aus dem Fenster zeichnen oder die Karte ganz frei gestalten.

Das Urlaubs-Ich
schreibt einen Brief
an das Alltags-Ich

№ 27

Wer bist du, wenn du nicht arbeiten musst? Fehlt dir etwas? Fühlst du dich unvollständig? Oder bist du erst dann richtig glücklich? Hast du ein Urlaubs-Ich, das sich andere Dinge erlaubt als das Alltags-Ich?
Schreibe ihm einen Brief und gib ihm Tipps, um deinen Alltag schöner und leichter zu machen.

Einen ganzen Tag
spontan sein

№ 28

Leg deine Uhr zur Seite, lass das Handy aus und vergiss deine Gewohnheiten. Wache ohne Wecker auf, bade gleich morgens oder mache Katzenwäsche – mach alles genau so, wie du es willst. Horche in dich hinein und folge deinen Impulsen.

Die Anreise genießen

№ 29

Der Urlaub beginnt, nachdem du die Haustür geschlossen hast! Fahre eine schöne Strecke, mache Pausen und Picknicks, bleibe einen Tag an einem tollen Ort, gehe spazieren, wo es dir gefällt. Musst du denn unbedingt so schnell wie möglich am Ziel sein? Genieße den Weg.

Reisetagebuch
schreiben

Nº 30

Schaffe dir eine Gedankenstütze für schöne Momente, indem du ein Reisetagebuch schreibst. Du kannst zu einem vorstrukturierten Buch greifen, eines selbst gestalten, einen Blog schreiben, zeichnen, Fotos machen und beschriften.
Versuche dich von dem Gefühl freizumachen, dass du täglich etwas schreiben musst.
Bleibe frei im Kopf!

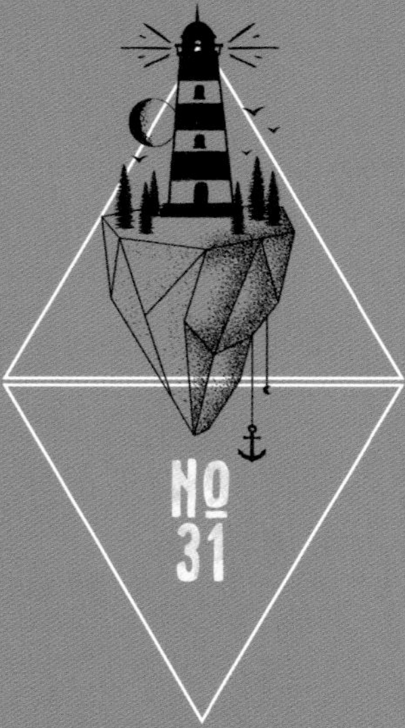

Tagträumen

Nº 31

Schalte das Handy aus, leg die Uhr beiseite und beginne zu träumen. Lass deine Gedanken schweifen, schaue und lausche in dich hinein, gestatte dir Träume und Visionen.
Auch wenn du nichts davon umsetzt, erlaube dir ganz und gar unrealistisch zu sein.

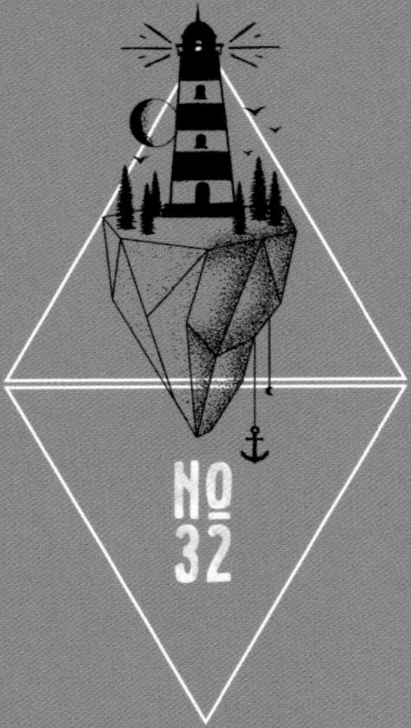

Warten als bewusste
Pausen wahrnehmen

№ 32

Warten gehört in unserer modernen Gesellschaft zum Alltag, selbst im Urlaub. Statt dich über die Wartezeit zu beklagen, nutze sie lieber als bewusste Pause. Nimm dich in der Umgebung wahr, achte auf deinen Herzschlag, die Geräusche um dich herum, den Boden unter deinen Füßen. Oder atme ein paarmal bewusst ein und aus.

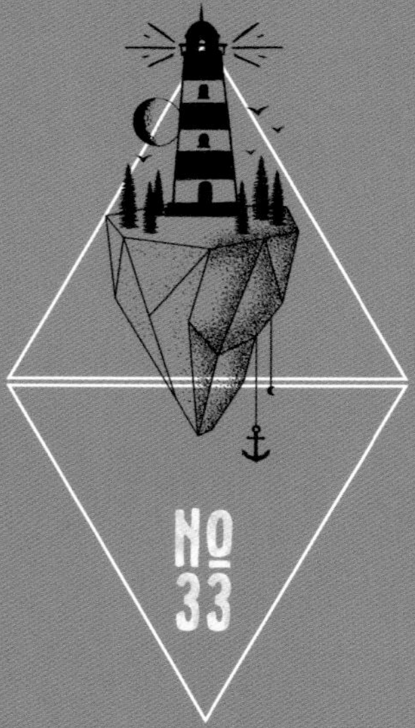

Füße in einen eiskalten
(Berg-)Bach stecken

№ 33

Gehe in einen Dialog mit der Natur! Ziehe Schuhe und Strümpfe aus und erlebe die Kühle des Wassers, das Prickeln auf der Haut, die Beschleunigung des Atems, vielleicht sogar das anfangs unangenehme Gefühl – und die Lebendigkeit danach.

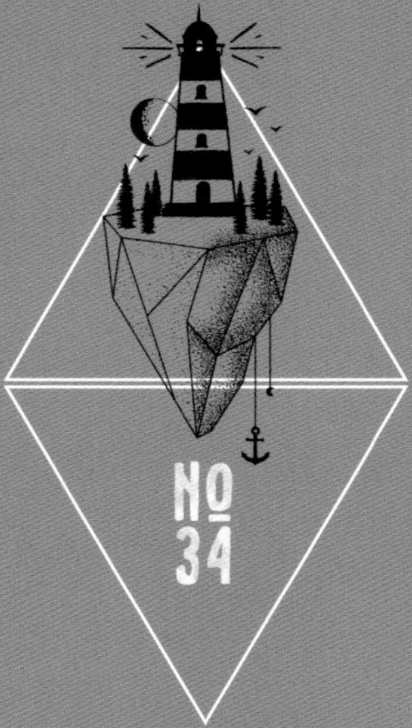

Müll aus der
Natur sammeln

Nº 34

Ob Plogging, also die Kombination aus Jogging und Müllsammeln, oder die Müllsammelaktion des BUND oder anderer Aktivisten: Es ist ganz einfach, achtsam durch die Natur zu gehen und alles aufzuheben, was dort nicht hingehört. Damit tust du etwas für die Umwelt und sorgst dafür, dass du die Natur auch weiterhin genießen kannst.

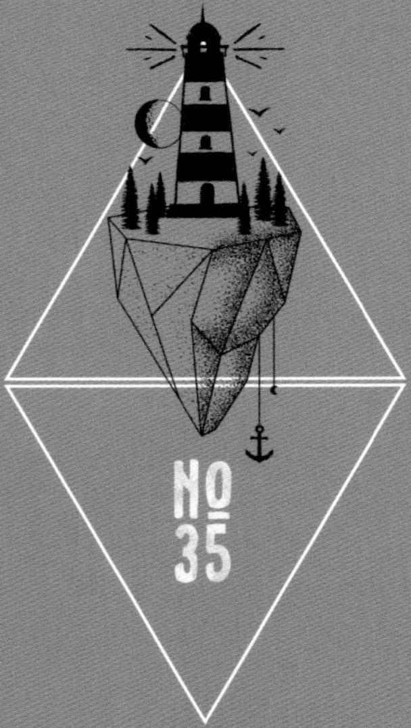

Wege mehrmals gehen und
Veränderungen wahrnehmen

№ 35

Wenn du aufmerksam durch
die Welt gehst, kannst du
viel Spannendes entdecken.
Selbst der gleiche Weg kann
immer wieder Neues bieten, je
nachdem, zu welcher Tages- oder
Jahreszeit du ihn gehst.
Auch dein Blick auf die Umgebung
ist je nach Tages- und Jahreszeit
unterschiedlich.

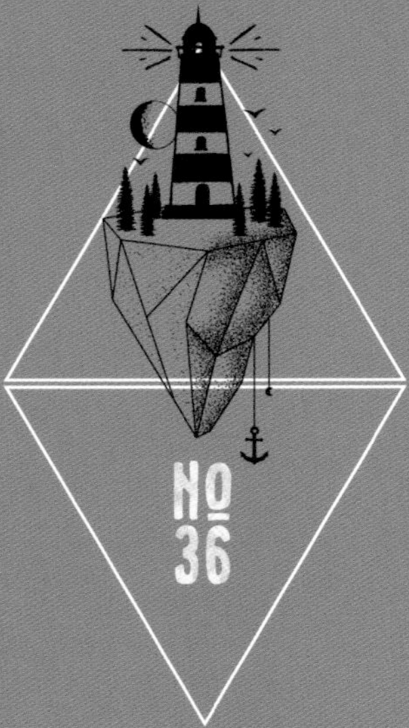

Die ganze Strecke
einer Linie fahren

№ 36

Bist du schon mal die ganze Strecke einer Straßenbahn-, U-Bahn- oder Buslinie von Anfang bis Ende gefahren? Achte auf die Sehenswürdigkeiten, die Veränderungen, die Menschen. Gibt es auch soziale Unterschiede? Entdecke ganz neue Plätze an deinem Urlaubsort und erweitere deinen Horizont.

Einen Tag nur
blaue Gegenstände
fotografieren

No 37

Wir machen im Urlaub
meist unzählige Fotos von
Sehenswürdigkeiten und der
Landschaft, in der wir uns gerade
befinden.
Wie wäre es mit einem Experiment?
Fotografiere einen Tag lang nur
blaue Gegenstände (oder rote,
gelbe ...). Wie verändert das deinen
Blickwinkel?
Lass dich zu weiteren kreativen
Versuchen inspirieren!

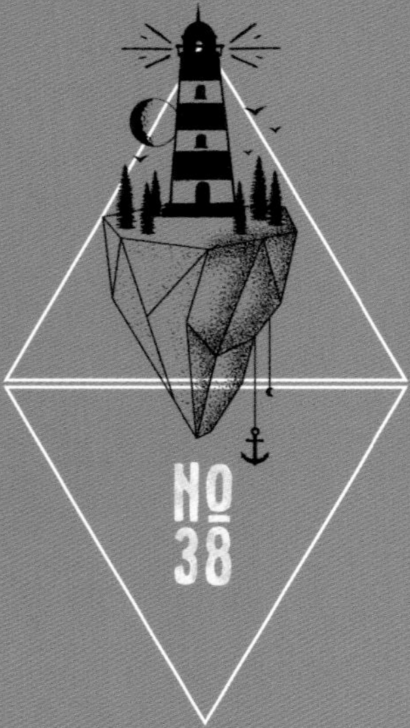

Vögel beobachten

Nº 38

Welche Vogelarten kennst du? Kannst du ihre Stimmen auseinanderhalten? Schnappe dir ein Fernglas und ein Vogelbestimmungsbuch und los geht's! In vielen Regionen gibt es auch Exkursionen, die dir die Vogelwelt näherbringen. Ein Morgenmuffel solltest du allerdings nicht sein, häufig singen die Vögel früh am Morgen.

Mit Einheimischen plaudern und sich Geheimtipps holen

№ 39

Reiseführer können eine
gute Vorbereitung für einen
Ferienaufenthalt sein, doch
wenn du aufmerksam in die
»Innenwelt« deines Urlaubsortes
oder der Region eintauchen
willst, unterhalte dich am
besten mit den Einheimischen.
Wähle Gesprächspartner aus
verschiedenen Altersgruppen,
Männer und Frauen, sie alle haben
sicher ganz unterschiedliche Tipps.

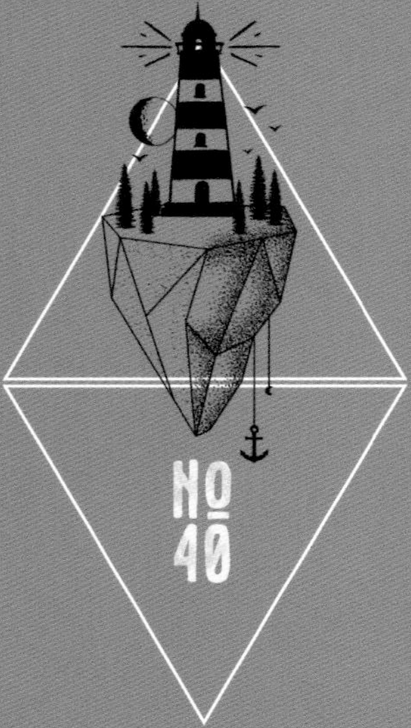

Straßenmusikern
lauschen

Nº 40

Nutze deine Urlaubszeit zum Flanieren und streife durch die Straßen. Vielleicht triffst du auf einen Straßenmusiker, ein Paar, das Tango tanzt, Akrobaten oder sogar eine ganze Band?
Nimm dir Zeit zuzuhören, schließe die Augen, genieße die Musik oder tanze mit. Häufig lernst du hier talentierte Künstler kennen.

Einen Blumenstrauß ins Hotelzimmer stellen

№ 41

Gestalte dir deinen »Wohnort auf Zeit« nach deinen Vorstellungen und stelle deine »Beute« dort aus. Pflücke einen Blumenstrauß oder kaufe dir einen, wenn du einen zauberhaften Blumenladen entdeckt hast.
Präsentiere kleine Zweige, Steine oder Muscheln. Das alles ist auch eine wunderbare Brücke zu deinen Erinnerungen.

No 42

Bei der Wein- oder der Olivenernte helfen

№ 42

Du magst Abenteuerurlaube,
in denen du etwas Neues lernst,
Menschen triffst,
andere unterstützt?
Wie wäre es mit einem
Aktivurlaub zur Trauben- oder
Olivenernte? Meist wirst du dabei
kulinarisch verwöhnt, wohnst
auf Landsitzen, die du sonst nur
von außen siehst. Und ein tolles
Gefühl, etwas geschafft zu haben,
nimmst du auch mit nach Hause.

No
43

Ins Kloster gehen

№ 43

Du suchst nach Stille und Einkehr? Dann ist ein Aufenthalt in einem Kloster vielleicht genau das Richtige für dich.
Du ziehst den Stecker vom Alltag, schaffst dir Raum zum Nachdenken und kannst deine Achtsamkeit für dein Inneres und deine Umgebung schärfen. Solche Aufenthalte werden häufig in Klöstern angeboten, manchmal kannst du auch Gespräche mit den Brüdern oder Schwestern führen, Vorträge anhören, meditieren und schweigen.

No 44

Pilgern und
Weitwandern

№ 44

Die körperlichen Hürden sind nicht so hoch, wie du denkst! Dafür wirst du mit einer Veränderung deiner Wahrnehmung von außen nach innen belohnt. Du machst eine intensive Erfahrung, der Geist leert sich und öffnet sich für neue Blickwinkel. Das Gehen richtet dich nicht nur äußerlich auf. Probier's aus!

No 45

Einen Fluss entlangwandern

№ 45

Egal, ob du nur einen Tag oder eine ganze Woche unterwegs bist, das Gehen neben einem Fluss hat etwas Beruhigendes, alles ist in Bewegung, innerlich wie äußerlich. Alles, was in dir ins Stocken geraten ist, kommt ins Fließen, du kannst wieder mehr Lebendigkeit spüren. Das Wasser rauscht und gluckert – und wenn du keine Lust mehr aufs Gehen hast, dann nimmst du ein Boot.

No 46

Ohne Handy losziehen

№ 46

Für Fortgeschrittene: Das Handy gar nicht mitnehmen! Im Alltag sind wir immer verfügbar und überall vernetzt. Im Urlaub kannst du dich ganz auf dich konzentrieren und hast keine Verpflichtungen. Wege kannst du selbst entdecken, Termine hast du nicht. Und wie das Wetter wird, sagt dir ein Blick in den Himmel. Lass das Handy zu Hause und erlebe deine Umgebung intensiver.

Eine Berghütte mieten

№ 47

Wenn du nach einem weiten Blick suchst, dann kannst du das Meer betrachten – oder eine Berghütte mieten und von dort über die Gipfel schauen. Erlebe das Gefühl einer grenzenlosen Perspektive, die nicht nur die Augen beruhigt, sondern dir auch neue Gedankenimpulse geben kann.

No 48

Einen unspektakulären
Ort als Ziel aussuchen

№ 48

Es muss nicht immer New York sein. Wie wäre es mit dem Harz, einem kleinen französischen Dorf oder einem Fleckchen in den Schweizer Bergen? Abenteuer und Erholung haben nichts mit großen äußeren Reizen oder spektakulären Sehenswürdigkeiten zu tun, sondern beides kannst du überall finden, wenn du aufmerksam hinsiehst.

No 49

»Ich sehe was, was du nicht siehst« spielen

№ 49

Was eignet sich besser zum Schulen der Wahrnehmung als das Spiel »Ich sehe was, was du nicht siehst«?
Am besten suchst du dir gleich mehrere Mitspieler und achtest auf interessante Details, die die anderen erraten müssen – und umgekehrt. Und wer weiß, vielleicht entdecken deine Mitspieler etwas, das dir noch gar nicht aufgefallen ist!

NO
50

Treibholz sammeln

№ 50

Sammeln liegt in unserer Natur als Jäger und Sammler. Gerade am Meer lassen sich interessante Muscheln und Treibholz finden, das aufmerksame Schauen und Entdecken hat etwas Meditatives. Ein schöner Nebeneffekt: Mit Treibholz lassen sich Bügel, Kleiderstangen, Mobiles und vieles mehr basteln!

Die Autorin

Ingrid Ickler ist leidenschaftliche Yogalehrerin und -schülerin, Autorin und Literaturübersetzerin.
Wenn das Fernweh sie packt, sind »ihre« Themen Achtsamkeit und Entschleunigung immer mit dabei. Sie liebt es, ihre Erfahrungen weiterzugeben und andere zu inspirieren – undogmatisch, kreativ und bunt.

Erfahre hier mehr über Ingrid:
ingridickler.de

Impressum

Die Ratschläge in diesem Kartenset sind von der Autorin und vom Verlag sorgfältig erwogen und geprüft worden. Dennoch kann eine Garantie nicht übernommen werden. Eine Haftung des Verlags für Personen-, Sach- und Vermögensschäden ist ausgeschlossen.

2. Auflage 2022

moses. Verlag GmbH
Arnoldstraße 13d
47906 Kempen
Fon 02152-209850
Fax 02152-209860
info@moses-verlag.de
www.moses-verlag.de

ISBN 978-3-96455-167-2

Text: Ingrid Ickler
Gestaltung: Stephanie Dünhölter
Lektorat: Anna Hahn
Redaktion: Tanja Mues
Bildnachweis: Illustrationen © Sloth Astronaut / Shutterstock

PRINTED IN CHINA